BEI GRIN MACHT SICH IHR WISSEN BEZAHLT

Antje Holtmann

Fachdidaktik Englisch. Lernzusammenfassung in Stichpunkten

GRIN Verlag

Bibliografische Information der Deutschen Nationalbibliothek:

Die Deutsche Bibliothek verzeichnet diese Publikation in der Deutschen National-
bibliografie; detaillierte bibliografische Daten sind im Internet über http://dnb.d-
nb.de/ abrufbar.

Impressum:

Copyright © 2014 GRIN Verlag GmbH
Druck und Bindung: Books on Demand GmbH, Norderstedt Germany
ISBN: 978-3-656-71304-3

Dieses Buch bei GRIN:

http://www.grin.com/de/e-book/277967/fachdidaktik-englisch-lernzusammenfassung-
in-stichpunkten

GRIN - Your knowledge has value

Der GRIN Verlag publiziert seit 1998 wissenschaftliche Arbeiten von Studenten, Hochschullehrern und anderen Akademikern als eBook und gedrucktes Buch. Die Verlagswebsite www.grin.com ist die ideale Plattform zur Veröffentlichung von Hausarbeiten, Abschlussarbeiten, wissenschaftlichen Aufsätzen, Dissertationen und Fachbüchern.

Besuchen Sie uns im Internet:

http://www.grin.com/

http://www.facebook.com/grincom

http://www.twitter.com/grin_com

Fachdidaktik Englisch

LISTENING SKILLS

→ H. Böttger Einführung

- rezeptive Fähigkeiten = Grundlage Produktion
- am Anfang: Kernaussagen verstehen
- Gewöhnen an verschiedene Sprecher, nicht nur Lehrer
- authentische Sprache, Vorwissen vorhanden aus Werbung etc.
    - o F. Klippel FD Englisch Sek I+II
- 45% Hören = wichtig!!, rezeptiv = 2/3
- kaum in Lehrwerken, -Plänen
- Unterhaltungs- und Informationsmedien + attraktiv
- Ziel: Schüler beschäftigen sich selbständig in diesen Bereichen; Unterricht befähigt dazu
- Unterschied Alltag - Unterricht
- Verständnisfragen
- entschlüsseln als zentraler Prozess
- 2 Prozesse
    - o Bottom-up
        - ▪ = entschlüsseln von Lauten, Wörtern, Ausdrücken
        - ▪ = Muttersprache: Wörter werden automatisch erkannt, Informationen können erfasst werden
        - ▪ = Fremdsprache: Worterkennung nicht automatisch, Wortschatz gering, Fixierung auf Einzelwörter, Kontext wird vernachlässigt,
    - o top-down
        - ▪ = Weltwissen, Kontext aktivieren
        - ▪ = jüngere Lernern brauchen mehr Hilfe (weniger Weltwissen)
        - ▪ = zunächst Erschließungsverfahren erproben
- Unterricht in Zielsprache = Hörtraining
- accuracy (exaktes Verstehen) fluency (schnelles Entschlüsseln)
- Hören = Zeitdruck
- Redundanz, Mimik/Gestik, körperlose Stimme
- regionale Färbung, Wortgrenzen nicht immer hörbar
- kein monotones mechanisches Üben

- o = Relevanz (Warum?, an Vorwissen anknüpfen)
- o = Übertragbar (auf spätere Lernsituationen)
- o = Passung (Aufgabe-Lerngruppe, sinnvolle Fragen!)
- auch mal listening for enjoyment ohne Kontrolle
- pre-, while-, post-listening
- Kontrolle
  - o = Überprüfung darf keine anderen Fertigkeiten verlangen (z.b. Antwort frei formulieren)
  - o = meistens überlappen Fertigkeiten (integrative testing)
  - o = Kombi mit Sprechen sinnvoll
- offene Fragen
  - o = lautes lesen abgelehnt
  - o = mitlesen 1. nein 2. ja, für visuellen typ + schnelles entschlüsseln
  - o = authentische texte: nicht unbedingt für untere Lernstufen (auch prototypisch, didaktisiert)
  - o = Hausaufgaben: werden meist nicht gemacht, extrinsische Motivation=>Grundlage für   nächste Stunde, Gruppen einteilen

→ R. Weskamp

- Überwindung der Grammatik-Übersetzungsmethode
- listening comprehesion = größere Rolle, ABER: Schwierigkeiten!
  - o = Flüchtigkeit, schnell gesprochen, Phoneme beeinflussen sich, wenige Pausen
- prosodic clues (Intonation, Betonung etc.)
- abhängig von Erstsprache
- bottom-up = phonologische Daten
- top-down = Schemata (Weltwissen)
  - o Erwartungshaltung, ergänzen Informationen, kulturspezifisch!
- Formen des Hörens
  - o interactional (Dialog)
  - o transactional (nur Zuhören)
- Strategien: Hintergrundwissen aktivieren (pre-l) keine "Kann ich nicht"-Einstellung, Ziele setzen, Voraussagen machen, Notizen (while-l)
- post-l = Rollenspiele, Schreibaufgaben, Analyse sprachl. Aspekte, kritische Auseinandersetzung
- TQLR-Technik

- o   = Tune in (Vorwissen), Question (Fragen zum Text), Listen (Aktiv), Review (Nachdenken)

→ F. Haß

- Hörverstehen = Informationsentnahme aus gesprochener Sprache
- Hören = nur Wahrnehmung
- Visuelle Komponente
- Prozess
  - o   Auditorische Analyse – phonologische A. – lexikalisch-syntaktische Integration – Gesamtaussage
- Hoch komplexes Zusammenspiel
- Handlungsumfeld wichtig
  - o   Wer mit wem über was wo, welche Absicht etc.
- Individuelle volitive Komponente
- Sprachverarbeitung
  - o   Konzentration
  - o   Vorwissen
  - o   Laute, Einheiten erkennen
  - o   Merkmale gesprochener Sprache
  - o   Etc.
- Ziele hochgesetzt
- Authentische Texte?
- Detailfragen beantworten
- Beginn in der Grundschule
  - o   Total Physical Response (listen and draw etc.)
- Ab Sek I = listening for gist (Globalverstehen) + listenind for detals
- Schwierigkeitsgrad
  - o   Vorwissen
  - o   Niveau und Länge des Textes
  - o   Komplexität, Tempo
  - o   Anzahl der Sprecher
  - o   Hintergrundgeräusche
- Zahlreiche Unterrichtskonzepte
- Listening for fun!
- ***PRE-LISTENING***
  - o   Einstimmung auf's Thema

3

- o Erwarungshaltung, Wissen aktivieren
- o Z.B. Titel, Vermutungen, Hintergrung
- **WHILE-LISTENING**
  - o Aufmerksamkeit fokussieren, Hören steuern
  - o Verknüpfung mit Pre-Listening!
  - o Z.B. Bilder in Reihenfolge, Skizze, mc-Fragen, note-taking
- **POST-LISTENING**
  - o Wurde das Gehörte verstanden?
  - o Z.B. Fehler finden, true/false, Fragen beantworten, summary, Diskussion
    - Consolidation of language: practise speech funcions
    - Extension of content: integration skills
- Übungstypen
  - o Listening ahead (Textpassage abbrechen, ergänzen)
  - o Kurzzeitgedächtnis (Satz aus Gedächtnis vervollständigen)
- Überprüfung
  - o Nicht-schriftlich: TPR, Steckbrief, Fehlersuche, Ankreuzen
  - o Halbschriftlich: Raster, Memos, Themen notieren, Lückentext vervollständigen
  - o Schriftlich: wh-Fragen beantworten
- Taxonomie: Globalverstehen → Detailverstehen (prediciting, evalutaiton, inference, conclusions, interpretation, personal response)
- Hören+Sehen
  - o Kulturspezifische Sehgewohnheiten nicht einfach übertragen
  - o Mehrkanalige Informationsaufnahme (=> effektives Lernen)
  - o Landeskunde
  - o Körpersprache
  - o Anspruchsvolle Texte
  - o Authentische Sprache

→ A. Müller-Hartmann/ M. Schocker-von-Ditfurth
- triggers language acquisition, primary vehicle of language learning
- receptive + communicative competence
- everyday life
- complex process
  - o bottom-up
    - knowledge of language → sense of sounds → information contained
    - prosodic features (stress+intonation)

4

- mondegreens!
  - Sub-skills
    - Perception
    - language
- top-down
  - "inside-the-head information"
  - Background knowledge
    - Script theory (routines, sequence)
    - Schemata (organization of a text)
    - Context (visual+non-verbal information)

- Referenzrahmen
  - Public announcements, media, audience, overheard conversations
  - Gist, information, detailed understanding
- Challenging skill
- Real time, features of spontaneous speech = difficulties
- Real-life situations → why do we listen?
- Build learner's confidence
- Listening for gist vs. details
- No interaction in the classroom (disembodied, unfamiliar, recorder)
- Good listeners = good speakers
  - Comprehensions checks
  - Clarification requests
  - Paraphrasing
- early practice → confidence
- Pay attention to individual listening processes

→ J. Scrivener
- Text vorlegen?
  - Müssen nicht mehr lessen → not a reading exercise
  - no memory test
  - realistic+useful
  - improve listening
- task before audio
  - Ziel ist klar
- Hören + schreiben = 2 skills → limit amount of writing!

- Hören ist moistens interaktiv! (antworten, nachfragen, Körpersprache etc.)
- Alltag: keine Höraufgaben
- Purpose = Real life or improvement of listening
- Process rather than product → work on listening itself
- *Guidelines for listening skills (p. 176)*
- *Listening ideas (p. 181-186)*

INTERKULTURELLES LERNEN

→ R. Weskamp

- Geschichte
    o Auslands- und Kulturkunde bis 1945
    o Völkerverständigung bis 1965
    o Neudiskussion seit 1970ern
- Forschungsrichtungen
    o Soziolinguistik: Sprache und Kultur in Abhängigkeit
    o Psycholinguistik: wie wird Wissen erworben
    o Pädagogik: Notwendigkeit interkultureller Erziehung, Menschen
      verstehen+respektieren
- Kommunikative Kompetenz
    o Mehr als Grammtik+Wortschatz
    o Normen+Regeln einer Kultur
    o Kann zu Missverständnisse führen
    o Lehrer+Schüler = gleiche Sprachgemeinschaft
- Kann man kulturelle Kompetenz erlernen?
    o Zwischenziel: Strategien zum Umgang mit Missverständnissen
- Intercultural language awareness = Bewusstsein für die kulturelle Dimension von Sprache
- Andrew D. Cohen: 5 Schritte
    o Diagnose, Modeldialoge, Situationsevaluation, Rollenspiele, Feedback
- Pragmatische Kompetenz muss erlernt werden!
    o L1 beeinflusst
    o Interaktion Klassenzimmer vs. Normen außerschulische Verständigung
- Für den Unterricht zu beachten:
    o Gradueller Prozess

- o   Toleranz+Empathie = Globalziele
- o   Dynamisches Verhältnis
- o   Kultur vs. Individualität
- o   Kein native speaker, sondern intercultural/modal speaker
- Frage der Vermittlung
  - o   Tatsachenwissen = Grundlage für Auseinandersetzung
  - o   Z.B. Emailprojekte, Studienfahrten etc.

→**F. Klippel**

- nicht nur Faktenwissen, sondern Interkulturelle kommunikative Kompetenz = sich in fremder Kultur zurechtfinden, kritische reflektieren
- kann Motivation steigern
- ICC des Lehrers wichtig
- Culture with capitel C = historisches Faktenwissen
- Culture with a small c = Alltagskultur, Lebensgewohnheiten
- Wichtiges Ziel im EU Referenzrahmen, aber zu unkonkret
- Von Anfang an Thema im FU
- 3 Bereiche
  - o   Wissen/Knowledge: landeskundliches Fachwissen, Gegenwartsbezug, Orientierungswissen
  - o   Können/Skills: Handlungswissen, Sprachbeherrschung
    - ▪   Interpretating+relating (Erfahrungen interpretieren)
    - ▪   Discovery+interaction (neues Wissen erwerben+anwenden)
    - ▪   Herausforderung für den Lehrer; Kontakt mit native speakers ermöglichen
  - o   Einstellung/Attitudes: Neugier+Offenheit, Bezug zwischen eigener und fremder Kuktur → cultural awareness, Stereotypen kritisch hinterfragen
- Lebenslanger Prozess
- Perspektivenwechsel erlernen
- Bereitschaft, seine Meinung über Kultur zu revidieren

- Englisch als lingua franca = kulturlos?
  - o   Gefahr der reinen Nützlichkeit als globale Sprache
- Vielfalt+Perspektiven = Motivierend für SUS
- Sprache nicht nur können, sondern kennen+lieben lernen?
- Persönliche Identifikation
- Spektrum englischsprachiger Länder

- o Muttersprache oder Zweitsprache
- Inhalte/Materialien vielfältig
  - o Literatur = Eintauchen in Kultur, Informationen, Identifiaktion, kritischer Vgl
  - o Medien = Audio+Video, Informationen, Spiefilme, Dokus => Menschen in bestimmten Situationen beobachten
  - o Begegnungen = Emailprojekt, Schüleraustausch, Tandem, Videokonferenz, native speakers einladen
- Sprachliche kulturelle Identität der Lernenden anerkennen, Passung
- Fächerübergreifende Zusammenarbeit (Geo, Geschichte, Musik, Religion, Kunst)

→ A. Müller-Hartmann/ M. Schocker-von-Ditfurth
- 1960s/70s Communicative language teaching, integrated skills approach
- Language use+social context
- Communicative competence = four competences: grammar, discourse, sociocultural, strategic competence (model by Savignon, p. 21)
→ Byram's model of ICC
- Creating a new identity => third space

- Learning about culture = process
- Schemata from L1, stereotypes of other cultures
- Increasing experience (contact, stays abroad)
- Landeskunde ≠ ICC
- No binary oppositions (us vs. them)
- Multiple perspectives
- 1880s/90s reform movement → Realienkunde
  - o Rejected after WWI, Kulturkunde, Wesenskunde (Nazi)
  - o US and Britian: role of working class and youth, later gender and ethnicity
  - o Question of power, critical view on myths
- Not a static concept
- Integration of all text forms
- Communicative situation – social process – empathy, tolerance, knowledge, learning strategies – establish meaning

- GER = mit anderen kommunizieren, gemeinsam Bedeutung aushandeln, mit Missverständnissen zurechtkommen
- Sprache + Kultur lernen
- Critical incidents üben
- Eigene Position ausbilden
- Veränderte Identität => intercultural speaker

→ F. Haß

- Byram's Ebenen
  - o Einstellungen entwickeln (Affektiv)
    - ▪ Neugier+Offenheit, kulturelle Gemeinsamkeiten
  - o Wissen erwerben
    - ▪ Hochkultur+alltagskulturelle Phänomene
    - ▪ Mehr als klassische Zielsprachenländer
    - ▪ Weiterentwicklung Landeskunde
  - o Texte interpretieren
    - ▪ Immer kulturell gefärbt
  - o Kommunikation
    - ▪ Direkt (face to face)
    - ▪ Medial gestützt (Email, chat)
    - ▪ Reparaturstrategien
  - o Kritisches kulturelles Bewusstsein
    - ▪ Gemeinsamkeiten+Unterschiede wahrnehmen
    - ▪ Perspektiven in Relation setzen
    - ▪ Aushandlungsprozess
- Methoden
  - o Wenig erforscht
  - o Entwicklungspsychologische Einordnung unklar

TASK-BASED LANGUAGE LEARNING

→F. Klippel

- Ansatz seit 1990er
- Arbeitsaufgabe → Fremdsprache als Mittel, aber kein gezieltes sprachliches Üben
- "Result in language use as in real world"
- Gebrauch der FS in realer Situation → Abgrenzung Aufgabe und Übung schwierig
  - o Übung: vorher gelerntes festigen
  - o Aufgabe: Neues lernen (Wissenslücken erkennen oder neue sprachliche Phänomene)
- Dimensionen: complexity, accuracy, fluency
  - o Bisher keine Ergebnisse über Einfluss von tasks auf Lernleistung
    - Ausreichendes Vorwissen, Bearbeitungszeit
    - Klare Aufgabenstruktur+Vertrautheit = fluency, accuracy
    - Begründung+Argumentatation = complexity
    - Interaktive Aufgaben = accuracy+complexity
    - Monologische Übungen = fluency

→ H. Böttger

- Englischlernen dadurch authentischer (Idealfall)
- Bedingungen
  - o Risiokobereitschaft
  - o Experimentieren wollen
  - o Selbstständige Anwendung
- Fördert Unabhängigkeit
- Aktiv und möglichst gemeinsam → Notwendigkeit zur Kommunikation
- Erlernten Fähigkeiten sollen genutzt werden (integrated-skills activities)
- TBLL = offen, projektorientiert
- Progression des Lehrbuchs als Grundvoraussetzung
- Unterscheidet sich von stark didaktisierten Aufgaben (LB)
- Aufgabentypen (Willis)
  - o Auflisten
  - o Ordnen
  - o Vergleichen
  - o Problem lösen
  - o Persönliche Erfahrung
  - o Kreativ

- Möglichst natürlicher Kontext
- Keine extra angefertigten Materialien, sondern authentische Quellen
- Schritte
  - Introduction + preparation
    - Z.B. Sammlung nützlichen Sprachmaterials
  - Performance
    - Ausführung, Präsentation, Dokumentation
    - Z.B. Poster, Rollenspiel, Diskussion, etc.
  - Reflection
    - Selbstevaluierung (autonomes Lernen)

→R. Weskamp

- TBLL = Aufgabenbezogener FU
- Naturalistischer Spracherwerb
- Übung = Wiederholen, Fertigkeiten bilden, verfeinern, automatisieren
  - Richtige Strukturen produzieren
- Task = Komplexer als Übungen
  - Auf Ziel orientiert
  - Verstehen + Aushandeln von Bedeutung notwendig
  - Primär kommunikative Absicht, sprachl. Verwirklichung sekundär (Sprachstrukturen frei wählbar)
  - Bezug zu Alltagsleben
- Schritte
  - Pre-task
    - Einführung ins Thema, Input, Materialvorgabe
  - Task cycle
    - Bearbeitung, Planung, Vorstellung
  - Language focus
    - Betrachtung von Sprachfunktionen (Analyse + Übungen)
- Komplexer bei Kombination von Aufgabentypen
- Kriterien für angemessene Aufgabenstellung
- Aushandeln von Bedeutungen (negotiation) ist zentral!
  - Unterschiedliche Infos → Zusammenarbeit
  - Gemeinsame Lösung
  - Vertrautheit
- Fluency = Produktionsgeschwindigkeit

- o Mangel = Frustration, Echt-Zeit
- Accuracy = Regeln
  - o Mangel = ineffektive Kommunikation
- Complexity = Erweiterung des interlanguage-Systems
  - o Mangel = Ausdruck schwieriger Gedanken schwierig
- Passung der Aufgaben (Analyse Lernschwierigkeiten)
  - o Planungszeit vorstrukturieren
  - o Unterstützung durch Lehrer
  - o SUS: Ziele, Lehrer: Bedürfnisse

→ A. Müller-Hartmann/ M. Schocker-von-Ditfurth
- Wichtig für ICC
- Kein Fokus auf Form, sondern auf Inhalt (meaningful content produced)
- GER: Form+Inhalt
- Definition „task"
  - o Classroom work, target language is used, focus on meaning rather than form
- Selbstvertrauen, spontanerd Interagieren
- Real-world task (= linguistische Kompetenz durch Ausführung) vs. didaktierte Aufgabe (= Übung als Voraussetzung für Kommunikation)
- PPP vs. TBLL
  - o **PPP** = Presentation of linguistic material → practice → production (free usage)
  - o Production of discrete linguistic items
  - o = Vorgabe der Form, sofortige Anwenung wird erwartet
  - o **TBLL** = meaningful language use
  - o Whatever linguistic material available → creative, experimental use
- Framework (Nunan)
  - o Goals (= knowledge), input (= language data, oral/written), activities (= what to do with material)
  - o Teacher role (planning), leaner role (processing) → negotiation
  - o Setting = classroom (usually)
- Issues
  - o Designing tasks is demanding!
  - o Topic relevance, learner-centeredness
  - o Creating awareness, broaden understanding
  - o Prior knowledge
  - o Self-determination, interpreting the task

- o Motivation, mutual trust, learn about oneself and others
- o Language needs vs. teacher's expectations, preparation
- o Process relevance, why?
- Teachers need to organize, select tasks, adapt difficulty, be sensitive to individual differences
- Time to plan the task, sufficient guidance
- Negotiation, two-way tasks → communication, closed/open outcomes
➔ Task cycle p. 47

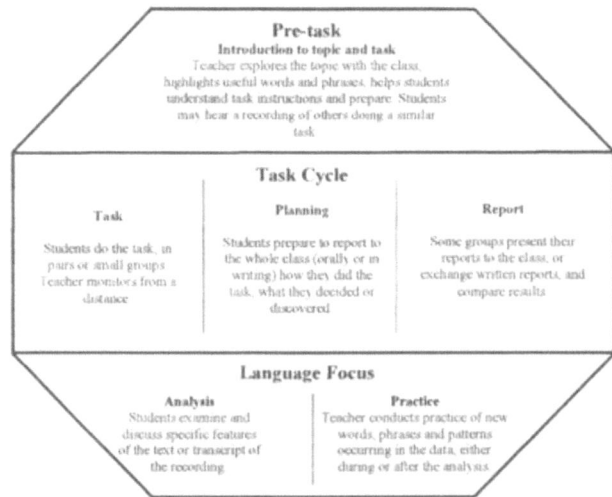

Table 1: Components of the task-based learning framework (adapted from Willis, 1996, p. 38)

→Seminar

- Aufgabe
  - o Kleines Projekt
  - o Lernarrangement, Bewältigung von Inhalten
  - o Sprachgebrauch als Kommunikation
  - o Inhalt statt Form
  - o Authentisches Handeln
  - o Realitätsbezug
  - o Kooperative Lernfomen
  - o Mehrere Sprachtätigkeiten
  - o Förderung der Kognition
  - o Workplan (Vorgabe) oder process/performance (Ausführung)

- Fokussiert/unfokussiert (freie Wahl der vorhandenen Sprachmittel)

→ M. Swan

Kritik

- Unterschied zu Präsentation-Übung-Anwendung?
- Unterschiedliche Niveaus, Tempi?
- Erstvermittlung?
- Curriculum/Syllabus?
- Korrektheit, Flüssigkeit, Komplexität?